ABÉCÉDAIRE

DU

JEUNE AGE,

OU

MÉTHODE

FACILE ET AMUSANTE

POUR APPRENDRE LES PREMIERS PRINCIPES

DE LA LECTURE.

Orné de gravures.

A PARIS,

Chez CAILLOT, Libraire, rue St.-André-
des-Arts, n° 57.

1828.

RÉCRÉATION.

ABÉCÉDAIRE
DU
JEUNE AGE,
OU
Méthode facile et amusante pour apprendre les premiers principes de la Lecture.

ORNÉ DE GRAVURES.

PARIS, chez CAILLOT, Lib.,
rue S.-André-des-Arcs, n° 57.

EPERNAY, IMPRIM. DE Mme Ve FIÉVET.

ABÉCÉDAIRE
DU
JEUNE AGE.

Mes jeunes amis, tâchez d'apprendre à lire, afin, par la suite, de pouvoir vous livrer à d'autres études, qui, vous faisant acquérir des connaissances utiles, vous mettront à même de vous procurer un état honorable, sans lequel on se trouve isolé dans la société.

Je ne puis trop vous le recommander, car il arrive un âge où on se repent des négligences apportées dans les premières études; négligences qu'on ne peut réparer, et dont on sent le malheur lorsqu'il n'est plus temps d'y remédier.

AUTRUCHE.

B b

bœuf.

C c

cheval.

(9)

D d

dindon.

(10)

E e

éléphant.

(11)

F f

furet.

(12)

G g

girafe.

(13)

H h

hippopotame.

I i

isatis.

(15)

K k

kanguroo.

(16)

L I

lion.

M m

mulet.

(18)

nilgaut.

(19)

ours.

(20)

P p

perroquet.

(21)

quinkajou.

(22)

R r

rhinocéros.

(23)

S s

soubuse.

(24)

T t

tigre.

U u

urson.

(25)

V v

vigogne.

X x

xandarus.

(28)

Y y

yacou.

(29)

Z z

zébu.

Lettres Capitales Romaines.

A B C D E F
G H I J K L
M N O P Q R
S T U V X Y Z.

Lettres Courantes Romaines.

a b c d e f g
h i j k l m n
o p q r s ſ t
u v x y z.

Il est important pour la lecture de prononcer : *J ji*, et non pas i.

Lettres Voyelles.

A E I O U Y.

a e i o u y.

Lettres Consonnes.

B C D F G H J

b c d f g h j

K L M N P Q R

k l m n p q r

S T V X Z.

s t v x z.

Lettres liées ensemble.

& ct ſſ ff fl ffl
et ct ss ff fl ffl
ſt ſi fi ſſi ffi æ œ
st si fi ssi ffi ae oe

SYLLABES.

On appelle *Syllabe* un assemblage de lettres qui ne forment qu'un son.

ba	be	bé	bè	bi	bo	bu
ca	ce	cé	cè	ci	co	cu
da	de	dé	dè	di	do	du
fa	fe	fé	fè	fi	fo	fu
ga	ge	gé	gè	gi	go	gu

(33)

ha	he	hé	hè	hi	ho	hu
ja	je	jé	jè	ji	jo	ju
ka	ke	ké	kè	ki	ko	ku
la	le	lé	lè	li	lo	lu
ma	me	mé	mè	mi	mo	mu
na	ne	né	nè	ni	no	nu
pa	pe	pé	pè	pi	po	pu
qua	que	qué	què	qui	quo	quu
ra	re	ré	rè	ri	ro	ru
sa	se	sé	sè	si	so	su
ta	te	té	tè	ti	to	tu
ya	ve	vé	vè	vi	vo	vu
xa	xe	xé	xè	xi	xo	xu
za	ze	zé	zè	zi	zo	zu

ACCENTS.

L'accent qui se marque ainsi (é) s'appelle aigu.
Celui qui se marque ainsi (è), s'appelle grave.
L'accent aigu se trouve sur les syllabes de la troisième colonne.
L'accent grave se trouve sur les syllabes de la quatrième colonne.

AUTRES SYLLABES.

pha phe phé phè phi pho phu
se prononcent comme
fa fe fé fè fi fo fu

gea ge gé gè gi geo geu
se prononcent comme
ja je jé jè ji jo ju

rha rhe rhé rhè rhi rho rhu
se prononcent comme
ra re ré rè ri ro ru

ça ce cé cè ci co cu
se prononcent comme
sa se sé sè si so su

tha the thé thè thi tho thu
se prononcent comme
ta te té tè ti to tu

Outre l'accent aigu et l'accent grave, il y en a un autre que l'on appelle *accent circonflexe*, et qui se marque ainsi (ê). Il se met sur les voyelles longues, comme dans les mots *flûte*, *gêne*, *goût*, *hôte*.

SONS FORMÉS D'UNE VOYELLE ET DE DEUX CONSONNES.

bla ble blé blè bli blo blu
bra bre bré brè bri bro bru
chra chre chré chrè chri chro chru
cla cle clé clè cli clo clu
dra dre dré drè dri dro dru
fra fre fré frè fri fro fru
gla gle glé glè gli glo glu
gna gne gné gnè gni gno gnu
gra gre gré grè gri gro gru
gua gue gué guè gui guo guu
pla ple plé plè pli plo plu
pra pre pré prè pri pro pru
spa spe spé spè spi spo spu
sta ste sté stè sti sto stu
tla tle tlé tlè tli tlo tlu
vra vre vré vrè vri vro vru

MOTS D'UNE SYLLABE.

blanc	bleu	bien	bœuf	bois
caux	cent	cieux	cinq	corps
dans	deux	dix	dont	d'un
eau	en	est	eut	eux
faut	feint	frit	fond	fut
grand	grec	gris	gros	grue
haut	hé	hier	hors	hue
jan	je	il	joue	jus
lard	lent	lit	long	luth
mal	met	mil	mou	mur
nain	nerf	nid	nord	nul
pas	peu	pis	pot	pu
quand	quel	qu'il	qu'on	qu'un
rat	rêt	ris	roc	rue
saint	sel	s'ils	sot	suc
tant	tel	tic	tort	turc
val	ver	vil	vol	vue

SENTENCES.

A do rez Dieu.

Ai mez vo tre pè re et vo tre mè re.

Ren dez-vous u ti le à vos sem bla bles.

Ap pre nez dans vo tre en-fan ce.

La ver tu rend les hom mes heu reux.

Le vi ce fait leur mal heur.

Il faut d'a bord ê tre jus te.

On doit res pec ter la pro-pri é té d'au trui.

L'hu ma ni té est un de voir pour tous les hom mes.

L'hom me bien fai sant est l'i-ma ge de Dieu sur la ter re.

So yez mo des te.

L'hon neur con sis te dans la no bles se des sen ti mens.

La so bri é té en tre tient la san té.

La pru den ce con sis te à con cer ter ses dé mar ches a vec sa ges se.

Le cou ra ge est la ver tu des Fran çais.

Il faut a voir de la pa ti-en ce.

Gar dez in vi o la ble ment votre pa ro le.

Ne men tez ja mais, car le men son ge est af freux.

Mon trez de la dou ceur et de l'in dul gen ce.

Frè res et sœurs ai mez-vous ten dre ment.

La po li tes se fait es ti mer les jeu nes gens.

La pro di ga li té rui ne et dés ho no re.

Le meur tre est hor ri ble.

Ne dé ro bez rien.

Le pa res seux tom be souvent dans le be soin.

So yez la bo ri eux et vous vi vrez.

Ne mé pri sez per son ne.

Tout or gueil est fort sot.

Si l'on vous of fen se, mé-pri sez l'in ju re.

L'hu meur rend maus sa de.

L'a va ri ce a vi lit et dés ho-no re.

L'in gra ti tu de est af freu se.

Ne por tez en vie à per son-ne.

La mé di san ce trou ble la so ci é té.

La flat te rie est lâ che.

La tra hi son est un cri me.

PRIERES.

L'Oraison Dominicale.

No tre Père, qui ê tes dans les Cieux, que vo tre nom soit sanc ti fi é. Que vo tre rè gne ar ri ve. Que vo tre vo lon té soit fai te en la ter re com me au Ciel. Don nez-nous au jour-d'hui no tre pain quo ti di en. Et nous par don nez nos of fen- ses, com me nous par don nons à ceux qui nous ont of fen sés. Et ne nous a ban don nez point à la ten ta tion. Mais dé li vrez-nous du mal. Ain si soit-il.

La Salutation Angélique.

Je vous sa lue, Ma rie, plei-ne de grâ ce, le Sei gneur est a vec vous. Vous ê tes bé nie en tre tou tes les fem mes; et Jé sus le fruit de vo tre ven tre, est bé ni.

Sain te Ma rie, Mè re de Dieu, pri ez pour nous pau-vres pé cheurs, main té nant et à l'heu re de no tre mort. Ain-si soit-il.

Le Symbole des Apôtres.

Je crois en Dieu, le Pè re tout-puis sant, Cré a teur du

Ciel et de la terre. Et en Jésus-Christ son Fils unique, notre Seigneur. Qui a été conçu du Saint-Esprit, né de la Vierge Marie. Qui a souffert sous Ponce Pilate, a été crucifié, est mort et a été enseveli. Est descendu aux enfers, le troisième jour est ressuscité des morts, est monté aux Cieux, est assis à la droite de Dieu le Père tout-puissant. D'où il viendra juger les vivans et les morts.

Je crois au Saint-Esprit, la sainte Eglise Catholique, la communion des Saints, la rémission des péchés, la résurrection de la chair, la vie éternelle. Ainsi soit-il.

La Confession des Péchés.

Je me con fes se à Dieu tout-puis sant, à la bien heu reu se Ma rie tou jours Vier ge, à saint Michel Ar chan ge, à saint Jean-Bap tis te, aux A pô tres saint Pier re et saint Paul, et à tous les Saints, par ce que j'ai beau-coup pé ché par pen sées, par pa ro les et par ac tions. J'ai pé-ché par ma fau te, par ma fau-te, par ma très-gran de fau te. C'est pour quoi je sup plie la bien heu reu se Ma rie tou jours Vier ge, saint Mi chel Ar chan-ge, saint Jean-Bap tis te, les A pô tres saint Pier re et saint

Paul, et tous les Saints, de prier pour moi le Seigneur notre Dieu.

Les Commandemens de Dieu.

I. Un seul Dieu tu adoreras et aimeras parfaitement.

II. Dieu en vain tu ne jureras ni autre chose pareillement.

III. Les Dimanches tu garderas en servant Dieu dévotement.

IV. Père et Mère honoreras, afin de vivre longuement.

V. Homicide point ne seras de fait ni volontairement.

VI. Impudique point ne seras de corps ni de consentement.

VII. Les biens d'autrui tu ne prendras ni retiendras injustement.

VIII. Faux témoignage ne diras, ni mentiras aucunement.

IX. La femme ne convoiteras de ton prochain charnellement.

X. Biens d'autrui ne désireras, pour les avoir injustement,

Commandemens de l'Eglise.

I. Les Dimanches, Messe entendras, et Fêtes de commandement.

II. Les Fêtes tu sanctifieras, qui te sont de commandement.

III. Tous tes péchés confesseras, à tout le moins une fois l'an.

IV. Ton Créateur tu recevras, au moins à Pâques humblement.

V. Quatre-temps, Vigiles jeûneras, et le Carême entièrement.

VI. Vendredi chair ne mangeras, ni le Samedi mêmement.

NOTIONS
SUR L'HOMME, LES ANIMAUX ET LES PLANTES.

L'homme a deux mains, chaque main a cinq doigts. Le plus gros de ces cinq doigts se nomme pouce. Le doigt qui le suit s'appelle index, parce que c'est celui qui sert à indiquer. Le bras de chaque côté du corps est appelé ou gauche ou droit. Celui du côté du cœur est le bras gauche, et l'autre le bras droit.

L'homme a aussi deux pieds, au bout desquels sont cinq doigts, dont le plus gros se nomme orteil. Il y a le pied gauche et le pied droit.

Le cheval et le bœuf ont des jambes. Le chien et tous les animaux plus petits que lui ont des pattes.

Les poissons nagent.

Les oiseaux volent.

Les vers, les limaçons et les serpens rampent.

Les arbres et les fleurs ont des racines en terre qui leur servent comme de pieds pour se maintenir debout, et les branches semblent être leurs bras. Ils ont des maladies, souffrent et meurent comme tous les êtres qui respirent.

Toutes les plantes portent des fleurs, auxquelles succèdent des fruits ou des graines après la fleuraison.

DIVISION DU TEMPS.

Cent ans font un siècle.

Il y a douze mois dans un an.

Il y a trente jours dans un mois.

Trois cent soixante-cinq jours font un an.

On divise le mois en quatre semaines.

Chaque semaine est composée de sept jours que l'on nomme : Lundi, Mardi, Mercredi, Jeudi, Vendredi, Samedi, Dimanche.

Les mois de l'année sont : Janvier, Février, Mars, Avril, Mai, Juin, Juillet, Août, Septembre, Octobre, Novembre, Décembre.

Il y a quatre saisons dans l'année, que l'on appelle l'Automne, l'Hiver, le Printemps et l'Été.

LES CRIS DES ANIMAUX.

Le chien aboie.
Le cochon grogne.
Le cheval hennit.
Le taureau beugle.
L'âne brait.
Le chat miaule.
L'agneau bêle.
Le lion rugit.
Le loup hurle.
Le renard glapit.
Le moineau pépie.
Le corbeau croasse.
La grenouille coasse

La tourterelle gémit.
Le pigeon roucoule.
Le rossignol ramage.
Le coq chante.
La poule glousse.
La pie babille.
Le serpent siffle.
L'homme parle et chante.

Chiffres arabes et romains.

Un	1	I.
Deux	2	II.
Trois	3	III.
Quatre	4	IV.
Cinq	5	V.
Six	6	VI.
Sept	7	VII.
Huit	8	VIII.
Neuf	9	IX.
Dix	10	X.
Onze	11	XI.
Douze	12	XII.
Treize	13	XIII.
Quatorze	14	XIV.
Quinze	15	XV.
Seize	16	XVI.
Dix-sept	17	XVII.
Dix-huit	18	XVIII.

Dix-neuf	19	XIX.
Vingt	20	XX.
Trente	30	XXX.
Quarante	40	XL.
Cinquante	50	L.
Soixante	60	LX.
Soixante-dix	70	LXX.
Quatre-vingts	80	LXXX.
Quatre-vingt-dix	90	XC.
Cent	100	C.
Deux cents	200	CC.
Trois cents	300	CCC.
Quatre cents	400	CD.
Cinq cents	500	D.
Six cents	600	DC.
Sept cents	700	DCC.
Huit cents	800	DCCC.
Neuf cents	900	CM.
Mille	1000	M.

NOTIONS SUR LE MONDE.

Il y a quatre élémens, savoir : l'*Air*, le *Feu*, l'*Eau* et la *Terre*.

Les étoiles sont des globes immenses et lumineux; elles ne se voient pas pendant le jour, parce que leur lumière est plus faible que celle du soleil; elles nous semblent petites à cause de leur éloignement.

La lune tourne autour de la terre dans l'espace de vingt-neuf jours et quelques heures.

La lune est plus petite que la terre; elle nous paraît plus grande que les étoiles, parce qu'elle est très-près de la terre.

La lune perd sa lumière, lorsque la terre se trouve entr'elle et le soleil. C'est ce qu'on appelle éclipse de lune.

La terre est composée de quatre

parties qu'on appelle : *Europe*, *Asie*, *Afrique*, *Amérique*..

La partie de la terre exposée aux rayons du soleil, jouit de la lumière; le côté opposé est dans l'ombre.

La terre tourne autour du soleil dans l'espace de trois cent soixante-cinq jours six heures. La durée de ce mouvement forme l'année.

La terre est couverte d'animaux de toute espèce; les uns volent, les autres rampent; beaucoup marchent ou gravissent.

Le fer, le cuivre, l'or, l'argent, le plomb, la pierre, l'ardoise, se trouvent dans la terre.

En creusant à une certaine profondeur, on trouve dans la terre des masses de charbon dont se servent très-utilement les serruriers, et avec lequel les peuples du nord se chauffent.

La mer est une grande étendue d'eau salée qui entoure les masses de la terre.

Les hommes ont senti de bonne heure la nécessité de se communiquer, soit les productions de la terre, soit le fruit de leur industrie; pour cela, ils ont imaginé de construire, avec des planches, des vaisseaux, à l'aide desquels ils traversent les mers.

La mer est couverte de petites portions de terre qu'on appelle des îles.

La mer est entraînée, dans l'espace de vingt-quatre heures, du midi au nord; elle s'élève tantôt plus, tantôt moins, sur les côtes; ce mouvement s'appelle flux : le reflux n'est autre chose que la mer qui se retire pour reprendre son niveau.

La lune a une grande influence sur ce déplacement continuel; on croit, d'après Newton, qu'elle attire les eaux et les élève. Le soleil produit le même effet.

Il y a dans la mer une quantité considérable de poissons, qui diffèrent par leurs formes et par leurs grosseurs. Beaucoup de ces poissons servent de nourriture à l'homme.

Les hautes montagnes sont presque toujours couvertes de neige, même pendant les plus grandes chaleurs.

Les rivières prennent leurs sources dans les montagnes, puis elles se jettent les unes dans les autres, où elles vont se réunir à la mer.

Le commencement d'une rivière s'appelle sa source; la fin, son embouchure.

Les nuages sont composés d'eau que le soleil attire à lui; cette eau réunie est portée par l'air, et agitée par les vents; elle tombe ensuite en goutte; c'est ce qui forme la pluie.

Toutes les eaux de la terre sont attirées dans l'air par l'action du soleil, ce qui forme un mouvement continuel.

Le vent n'est autre chose que l'air déplacé et mis en mouvement.

L'air est chargé d'un grand nombre

d'insectes, dont les plus connus se nomment mouches.

Les nuages nous dérobent souvent le soleil; ils en modèrent aussi la chaleur.

Tous les hommes ne sont pas blancs; il y en a de noirs, de basanés, etc.

Les hommes se sont réunis en société; chaque société, qu'on appelle nation, occupe une portion de la terre; chacune aussi a son nom particulier.

Les lois, les langues, les coutumes varient comme les noms et les positions des peuples.

On appelle culte, les cérémonies et les usages employés par les peuples, pour rendre hommage à la divinité.

Le commerce établi entre les nations, est un échange réciproque de denrées et d'effets.

La monnaie dont se servent les hommes est un objet de pure convention. Chaque nation a la sienne sous des formes et des valeurs différentes.

HISTORIETTES.

LE PLEUREUR.

Duprat avait un fils dont le nom était *Gilles* : cet enfant avait un défaut assez triste, quoiqu'il fît rire tout le monde à ses dépens. On le voyait pleurer pour la moindre bagatelle.

S'il trouvait sa leçon tant soit peu difficile, il disait qu'il ne pourrait jamais en venir à bout, et il laissait tomber son livre pour répandre un ruisseau de larmes.

Lui manquait-il quelqu'un de ses joujoux, au lieu de le chercher, il ne faisait que pleurer de l'avoir perdu.

Au moindre coup que lui donnait en jouant l'un de ses petits camarades, il poussait des cris si aigus, que tous ceux qui l'entendaient l'auraient cru estropié pour la vie.

Son père lui dit un jour : Je suis honteux d'avoir un fils dont tout le monde ne fait que se moquer. Quel est l'enfant de trois ans, que l'on entend crier comme toi ? Je suis sûr que le petit marmot, qui est là, couché sur le sein de sa nourrice, n'est pas, à beaucoup près, si pleureur. Gilles, si tu continue ainsi, tu ne feras jamais qu'un sot. Écoute-moi.

Lorsque tu jettes ton livre à terre, pour un mot difficile qui t'arrête, comment viendras-tu à bout de le lire ?

Dans le temps que tu perds à pleurer sur tes joujoux, ne pourrais-tu pas les trouver ? Que gagnes-tu donc à te désoler de leur perte ? Penses-tu qu'ils viendront te chercher d'eux-mêmes ?

Si tu te mets à crier pour un coup léger que tu auras reçu, quel est l'enfant qui voudra jouer avec toi? Tu aurais beau devenir plus grand que moi de toute la tête, tu ne serais jamais un homme.

Gilles fut tellement frappé du discours de son père, qu'il travailla, dès ce jour même, à se corriger de son défaut, il ne tarda pas à s'apercevoir combien il y gagnait. Ses leçons n'eurent bientôt plus de difficultés dont il eût peur : ses joujoux ne se perdirent plus, et ses amis le regardèrent comme leur meilleur camarade dans toutes leurs parties de plaisir.

L'ÉTOURDIE.

Laurette Dormisson était une petite fille bien étourdie. Il ne se passait pas un seul jour sans qu'elle ne se fît du mal à elle-même, ou qu'elle n'en causât à d'autres personnes. Sa maman lui avait expressément défendu de manier des couteaux et de toucher au feu ou aux bougies allumées ; mais lorsqu'elle était hors de la présence de sa maman, elle ne pensait plus à ses conseils ni à ses ordres.

On l'avait un jour laissée seule, pour quelques minutes, avec sa petite sœur Sophie. Au lieu de prendre soin de l'enfant, qui était plus jeune qu'elle de quelques années, elle lui laissa prendre un couteau qu'on avait oublié sur la table. La pauvre petite Sophie, ne sachant pas encore que les couteaux peuvent faire un grand mal, le prit dans ses petites mains, et se coupa quatre doigts jusqu'aux os : ce qui lui fit souffrir les plus vives douleurs, et la rendit estropiée d'une main pour le reste de sa vie.

Le lendemain Laurette voulant ramasser une aiguille qu'elle avait laissée tomber, prit sur la table un flambeau qu'elle mit à terre. En se baissant étourdiment, elle avança sa tête si près de la bougie, que le feu prit tout d'un coup à son bonnet. Comme le bonnet était attaché avec des épingles, il ne fut pas possible de l'enlever. La flamme eut bientôt brûlé toute sa coëffe et tous ses cheveux. Sa tête entière fut couverte de grosses ampoules; elle en eut même sur les deux joues. Il s'écoula bien du temps avant qu'elle pût en guérir; et tant qu'elle vécut, il lui resta sur le visage deux grandes cicatrices, pour apprendre à tous les enfans qui la regardaient, combien ils peuvent se rendre malheureux par une étourderie d'un seul moment.

FABLES.

La Cigale et la Fourmi.

La Cigale ayant chanté
   Tout l'été,
Se trouva fort dépourvue
Quand la bise fut venue.
Pas un seul petit morceau
De mouche ou de vermisseau;
Elle alla crier famine
Chez la Fourmi sa voisine,
La priant de lui prêter
Quelque grain pour subsister
Jusqu'à la saison nouvelle.
Je vous paierai, lui dit-elle,
Avant l'août, foi d'animal,
Intérêt et principal.
La Fourmi n'est pas prêteuse;
C'est là son moindre défaut.
Que faisiez-vous au temps chaud?
Dit-elle à cette emprunteuse.
Nuit et jour, à tout venant,
Je chantais, ne vous déplaise.
Vous chantiez! j'en suis fort aise;
Eh bien! dansez maintenant.

Le Corbeau et le Renard.

Maître Corbeau sur un arbre perché,
Tenait en son bec un fromage :
Maître Renard, par l'odeur alléché,
Lui tint à-peu-près ce langage :
Hé ! bonjour, monsieur du Corbeau !
Que vous êtes joli ! que vous me semblez beau !
Sans mentir, si votre ramage
Se rapporte à votre plumage,
Vous êtes le Phœnix des hôtes de ces bois.
A ces mots, le Corbeau ne se sent pas de joie ;
Et, pour montrer sa belle voix,
Il ouvre un large bec, laisse tomber sa proie.
Le Renard s'en saisit, et dit : Mon bon monsieur,
Apprenez que tout flatteur
Vit aux dépens de celui qui l'écoute :
Cette leçon vaut bien un fromage, sans doute ;
Le Corbeau, honteux et confus,
Jura, mais un peu tard, qu'on ne l'y prendrait plus.

PENSÉES MORALES.

Le monde, ou l'univers, est l'assemblage de toutes les choses créées.

Regardez autour de vous, contemplez la nature, et rendez hommage à la divinité.

Le ciel est l'espace immense dans lequel vous apercevez le soleil, la lune et les étoiles.

Si vous êtes sensible aux maux ou aux peines de vos camarades, vous vous ferez chérir d'eux. On accueille toujours celui qui vient à notre secours.

Inspirez la confiance et jamais la crainte.

C'est plaire à Dieu, que de respecter et chérir ses parens, et de remplir exactement ses devoirs.

Le vieillard mérite le respect des jeunes gens, écoutez ses conseils et suivez-les.

Ne déguisez jamais la vérité, si vous voulez inspirer de la confiance, le premier mensonge conduit à un autre, et insensiblement on s'habitue à se mentir à soi-même.

Ne publiez jamais le bien que vous faites, jouissez tranquillement du plaisir de rendre vos semblables heureux.

L'amitié ne se commande pas; si vous voulez vous faire aimer, rendez-vous aimable par vos vertus et vos talens,

La franchise et la vivacité annoncent toujours un bon cœur.

Vous n'aurez jamais d'ennemis, si vous avez le courage de pardonner les injures et de rendre le bien pour le mal.

Pour que l'on supporte vos défauts, voyez sans passion ceux des autres.

Le méchant a l'œil farouche, l'enfant sensible a le regard doux.

N'ayez jamais l'ambition de vouloir paraître plus instruit que vous ne l'êtes réellement.

L'Enfant le plus instruit n'est pas celui qui parle le plus.

L'intention se peint ordinairement dans les yeux.

L'enfant docile ne doit pas attendre qu'on lui commande de faire ses devoirs.

Dans quelque situation que vous vous trouviez, riche, pauvre, puissant ou faible, soyez toujours probe.

Si vous êtes paresseux, vous serez ignorans. On n'obtient rien sans peine; le travail brave toutes les difficultés; il vous rend d'ailleurs la vie plus agréable.

Pour connoître les charmes de l'amitié, partagez avec votre ami, plaisirs, chagrins et dangers; repoussez la médisance qui voudrait vous diviser.

L'homme vertueux peut seul compter sur de véritables amis.

Méritez la confiance de votre ami; gardez les secrets que l'on vous a confié.

Les jeux ont été imaginés pour délasser l'enfant de ses travaux; il ne doit jouer que pour s'amuser, et jamais avec l'intention de gagner.

Ne promettez jamais ce que vous ne pourriez pas tenir; un engagement contracté est une dette qu'il faut payer.

L'économie est une vertu que la nature donne et que l'éducation développe ; sachons cependant la borner ; car lorsqu'elle dégénère en avarice, elle devient un vice honteux.

La timidité dans une femme, est compagne de la sagesse.

Il faut savoir endurer les maux attachés à la vie, et ne pas s'abandonner pour la moindre privation ou la moindre douleur.

La propreté est l'amie de la santé.

La santé est si nécessaire à l'homme, qu'il ne doit rien négliger pour la conserver.

FIN.

www.ingramcontent.com/pod-product-compliance
Lightning Source LLC
LaVergne TN
LVHW021717080426
835510LV00010B/1013